Wissenschaftliche Abhandlungen
Band XXI/3

Musicological Studies
Vol. XXI/3

The Four - Voice Motets of Thomas Crecquillon

Part 3: The Motets from the Miscellaneous Printed Editions

by

H. LOWEN MARSHALL

Institute of Mediæval Music, Ltd.
1653 West 8th Street
Brooklyn, New York 11223
États Unis

Internationale Standard Buchnumerierung 912024 / 93–3

Imprimé en Allemagne par Helmut Gruber, Minden (Westf.)

THE SOURCES

The source from which the transcription was made is listed first and the result of comparison with other sources follows each listing as appropriate. In most cases, the differences among sources were rather minor, for example, two quarter-notes in place of a half-note or vice versa. Another common difference was a quarter-note followed by two eighth-notes instead of a dotted quarter-note followed by an eighth-note but both involving the same pitches. Rhythmic differences of this sort were often caused by the different placement of the text under the notes, and it is indeed rare when one finds two sources of a motet which have the same arrangement of the text with respect to the notes. Many other differences among the sources involved slight ornamentation of the vocal line, but it was rare when comparison of sources revealed differences which would essentially alter the musical content of the line.

The system for showing these inconsistencies is as follows: Rhythmic values of the transcription are used, and each measure is considered to have four quarter-note units. Thus, if in a particular source the first half of measure twenty-five of a voice part has a half-note instead of two quarter-notes, the description of this difference will simply be "25(1-2) half-note." If only a rhythmic value such as this is involved, the pitch is not mentioned. Conversely, if only pitch is involved, no reference is made to the rhythmic value. For example, "10(1) d" would indicate that the first quarter-note in measure ten is "d" in that particular source rather than whatever note was given in the source from which the motet was transcribed.

Since the secunda pars, *Cur rigido latuit tua,* of the motet *Sum tuus in vita* is wanting in the *Opus sacrarum cantionum... Thomæ Criquillon...,* this motet is contained in this volume.

Sum tuus in vita; 2 p., Cur rigido latuit tua

Selectissimæ symphoniæ compositæ ab excellentibus musicis.... Nűrnberg: J. von Berg & U. Neuber, 1546, No. VIII.

Tenor: 42(1) c (probably error in printing--probably should be d and this is used in the transcription even though both editions have c).

Opus sacrarum cantionum... Thomæ Criquillon.... Louvain/Leuven: P. Phalèse & J. Bellere, 1576, fol. 8^r.

This collection contains only the prima pars of this motet.

Superius: 16(2-3) dotted quarter c, eighth b-flat; 18(3)-19(1) half-note, quarter; 35(1) flat before e.

Contratenor: No e-flat in key signature and no flats written in; 14(4)-15(1) dotted quarter d, eighth b-flat.

Tenor: 12(3)-13(1) quarter, half-note.

Bassus: No e-flat in key signature and no flats written in; 74(3-4) two quarters.

Practicantes mali

Selectissimæ symphoniæ compositæ ab excellentibus musicis.... Nűrnberg: J. von Berg & U. Neuber, 1546, No. XII.

Contratenor: 81(3-4) quarter e (error in printing—half note e fits here and is used in the transcription; however, *Os loquentium,* which has the same music as part of *Practicantes mali,* uses quarter d, half-note f, and quarter e for the corresponding measure).

Quid gloriaris; 2 p., Dilexisti omnia

Liber tertius sacrarum cantionum, quatuor vocum.... Antwerpen/Anvers: T. Susato, 1547, fol. II.

Psalmorum selectorum...quatuor, quinque, et sex vocum.... Nűrnberg: J. Montanus & U. Neuber, 1553, No. 31.

Job tonso capite

Liber tertius sacrarum cantionum, quatuor vocum.... Antwerpen/Anvers: T. Susato, 1547, fol. XIII.

Cor mundum crea in me; 2 p., Averte faciem tuam

Liber quartus sacrarum cantionum, quatuor vocum.... Antwerpen/Anvers: T. Susato, 1547, fol. IV.

Motetti del Laberinto, a quatro voci libro secondo.... Venezia: G. Scotto, 1554, pp. VIII-IX.

Cantus: 16(4)-17(1) two quarters; 35(2-3) two quarters; 40(4)-41(1) half-note b; 116(3)-117(2) whole-note; 152(1-2) half-note.

Altus: 20(4)-21(1) two quarters; 46(1-2) two quarters; 81(4)-82(1) two quarters; 83(3-4) two quarters; 88(2) b; 99(2-3) half-note e; 119(4) d (probably error in printing—should be c); 134(4)-135(1) half-note e; 147(3) quarter a; 147(4)-148(1) half-note c; 156(3-4) quarters c, b (This causes parallel fifths with the bass. Also, there is a quarter-note c after the b in measure 156 which causes an extra quarter-note value at the end of this measure.); 157(4) half-note e (This would cause an extra quarter-note value at the end of this measure and is no doubt an error in printing.).

Tenor: 94(2-3) half-note b.

Bassus: 75(4)-76(1) half-note b; 108(3-4) two quarters.

Tomus quartus Psalmorum selectorum, quatuor et plurium vocum.
Nűrnberg: J. Montanus & U. Neuber, 1554, No. 31.

Leiden, Lakenhalmuseum, MS 864, fols. XII^V-XVIII^r.

Superius: 23 whole-rest; 59(4)-60(1) quarter a, eighths a, g;
140(4)-141(1) dotted quarter a, eighth g.

Contratenor: 78(4) quarter e; 79 half-note d, half-rest;
158(2-3) two quarters.

Tenor: 10(2-3) two quarters; 35(3)-36(1) half-note, quarter;
51(4)-52(1) quarter d, eighths d, c; 79(1-2) half-note b-flat;
115(2-3) two quarters; 136(4)-137(1) two quarters; 143(2-3)
two quarters.

Bassus: no differences.

Dresden, Sächsische Landesbibliothek, MS Mus. Glashűtte 5, No. 61.

Discantus: 83(3-4) half-note e.

Altus: no differences.

Tenor: missing.

Bassus: missing.

Paris, Bibliothèque nationale, Rés. 2179 (10)—Transcription—No. 1.

Transcription: A statement on the score indicates that it was
transcribed from *Motetti del Laberinto, a quatro voci libro
secondo*.... Venezia, 1554. Only the prima pars is transcribed.
Original clefs and note values are used.

Quæ est ista quæ ascendit; 2 p., Quæ est ista

Liber quartus sacrarum cantionum, quatuor vocum.... Antwerpen/Anvers:
T. Susato, 1547, fol. V.

Tertia pars magni operis musici.... Quatuor vocum.... Nűrnberg: J.
Montanus & U. Neuber, 1559, No. LV.

Discantus: 29(4) eighth c, quarter b-flat (b-flat should be
eighth-note).

Altus, Tenor, and Bassus: no differences.

Impetum inimicorum ne timueritis

Liber quartus sacrarum cantionum, quatuor vocum.... Antwerpen/Anvers: T. Susato, 1547, fol. VI^r.

Tertia pars magni operis musici.... Quatuor vocum.... Nűrnberg: J. Montanus & U. Neuber, 1559, No. LVII.

    Discantus, Altus, and Tenor: no differences.

    Bassus: 15(3-4) two quarters.

Leiden, Lakenhalmuseum, MS 864, fols. XXX^v-XXXIII^r.

    Superius: 6(4)-7(1) two quarters; 9(2-3) half-note a; 67(2-3) dotted quarter a, eighth g; 87(3-4) two quarters; 108(4)-109(1) dotted quarter a, eighth g; 109(4)-110(1) half-note a.

    Contratenor: 9(3)-10(2) whole-note; 56(2) no flat before e; 102(1-2) quarters c, b-flat.

    Tenor: 13(1-2) half-note a; 13(3-4) eighths f, g, a, b-flat; 14(1-2) half-note; 35(4) quarter b-flat; 40(4)-41(1) two quarters; 52(2) flat before e; 73 no ligature; 107(1-2) half-note.

    Bassus: 55(3) flat before e; 58(1-2) half-note d.

Erravi sicut ovis; 2 p., Delicta juventutis

Liber quartus sacrarum cantionum, quatuor vocum.... Antwerpen/Anvers: T. Susato, 1547, fol. IX.

Primus liber septem decim continet quatuor, & quinque vocum modulos.... Paris: N. du Chemin, 1551, pp. XIX-XX.

    Superius: 88(2-3) coloration.

    Altus: missing.

    Tenor: 12(3)-13(3) eighths f, e, half-note e, eighths d, c, quarter b; 24 ligature; 65(4)-66(1) half-note d.

    Bassus: missing.

Tomus quartus Psalmorum selectorum, quatuor et plurium vocum. Nűrnberg: J. Montanus & U. Neuber, 1554, No. 15.

Leiden, Lakenhalmuseum, MS 861, fols. 6^V-11^r.

Superius: 6(2-3) two quarters; 34(1-2) half-note; 37(1-2) two quarters; 46(3) a; 65(3)-66(1) dotted quarter c, eighths b, a, g; 90(4)-91(1) two quarters; 102(4)-103(1) half-note b; 112(2) eighths e, d.

Contratenor: 22(4)-23(1) two quarters; 23(4)-24(1) half-note b; 43(4)-44(1) half-note; 74(4)-75(1) half-note d; 101(1-2) dotted quarter c, eighth c; 127(3-4) half-note; 138(4)-139(1) dotted quarter f, sixteenths e, d; 139(3)-141(4) quarter c, half-note f, quarter e, half-note d, whole-note c.

Tenor: 34(1-2) half-note; 56(2-3) two quarters; 97(2-3) two quarters; 133(1-2) dotted quarter a, sixteenths g, f.

Bassus: 24(1-2) dotted quarter f, eighth f; 39(2-3) quarter d, eighths d, e; 90(1-2) half-note; 115(3)-116(1) half-note, quarter.

Benedicite Dominus

Liber quartus sacrarum cantionum, quatuor vocum.... Antwerpen/Anvers: T. Susato, 1547, fol. XIV^V.

Jubilate Deo omnis terra

Liber quartus sacrarum cantionum, quatuor vocum.... Antwerpen/Anvers: T. Susato, 1547, fol. XV^r.

Delectare in Domino; 2 p., Et educet quasi lumen

Liber quartus sacrarum cantionum, quatuor vocum.... Antwerpen/Anvers: T. Susato, 1547, fol. XX.

Motetti del Laberinto, a quatro voci libro secondo.... Venezia: G. Scotto, 1554, pp. XXIII-XXIV.

Cantus: 123(2-3) dotted quarter a, eighth g.

Altus: 103(2) a (probably error in printing).

Tenor: 20(1-2) half-note a; 20(3)-21(2) dotted half b, quarter g (probably error in printing); 48(4)-49(1) half-note d; 66(4) e.

Bassus: 48(3-4) two quarters.

Tomus quartus Psalmorum selectorum, quatuor et plurium vocum. Nürnberg: J. Montanus & U. Neuber, 1554, No. 16.

Aachen, Stiftskapitel, MS Chorbuch II, fols. 279^V-283^r.

Superius: 35(1) eighths d, c; 57 two half-notes; 65(1-2) half-note; 75(3-4) dotted quarter g, sixteenths f, g; 95(1-2) two quarters; 96(3)-97(2) dotted half c, eighths b, a; 97(3-4) half-note b; 101(1-2) dotted quarter c, sixteenths b, a; 115(2-3) dotted quarter a, eighth g; 123(2-3) dotted quarter c, eighth b.

Contratenor: 9(3-4) two quarters; 11(3) quarter-rest; 15(3-4) dotted quarter a, eighth c; 16(3-4) half-note e; 18(1-2) triplet on dotted eighth f, sixteenth e, eighth c; 18(3-4) dotted quarter d, eighth d; 30(3)-31(2) two half-notes; 54(2-3) two quarters; 57(3-4) half-note f; 58(3-4) half-note e; 59 quarter-rest, three quarters on e; 79(2-3) dotted quarter a, eighth g; 85(1-2) dotted quarter g, eighth f; 87(4)-88(1) quarters d, g; 89(3)-91(1) quarter-rest, quarters d, e, f, e, c, d; 110(3-4) two quarters; 114 ligature; 117(3-4) two quarters; 122(3-4) two quarters; 126(1-2) two quarters.

Tenor: 15(2-3) dotted quarter d, eighth c; 17(1-2) two quarters; 32(1-2) half-note e; 37(3-4) two quarters; 60(1-2) half-note c; 85(2-3) dotted quarter d, eighth c; 96(3-4) two quarters; 115(4) eighths a, g; 116(1-2) two quarters; 119(3)-120(2) ligature.

Bassus: 48(3-4) dotted quarter g, eighth f; 77(1-2) two quarters; 85(1-2) two quarters; 110(4)-111(1) two quarters; 116(3)-117(2) ligature; 127(3-4) two quarters; 129-130 ligature.

Leiden, Lakenhalmuseum, MS 861, fols. 24^V-28^r.

Superius: 65(1-2) half-note; 83(4)-84(1) dotted quarter e, eighth d; 84(2-3) two quarters; 109(3-4) half-note.

Contratenor: 75(2-3) quarter g, eighths g, f; 114(1-2) dotted quarter e, eighth e.

Tenor: 28(2) quarter a; 48(4)-49(1) half-note d; 63(4)-64(1) quarter c, quarter e; 99(4)-100(2) quarter, half-note; 110(1-2) half-note; 115(2-3) dotted quarter c, sixteenths b, a.

Bassus: 106(4)-107(1) quarter a, eighths a, g.

Surge illuminare Jerusalem; 2 p., Leva in circuitu

Cantiones selectissimæ. Quatuor vocum.... Augsburg: P. Ulhard, 1548, No. VII.

Discantus: 44(4) c; 89(2) e; 162(1) b (The Susato edition and MS 864 have b, d, c here respectively, and these notes are used in the transcription.).

Altus: The name *Cornelius Canis* appears on this part. The part is obviously by Crecquillon, however, as his name appears on this part in all the other part books. In addition, this part agrees essentially with the Altus in the other sources; 31(1-2) dotted quarter e, eighth e; 148(3) d (The Susato edition and MS 864 have respectively dotted quarter f, eighth e, and quarter e, and these are used in the transcription.).

Bassus: 21(4) e (The Susato edition and MS 864 have d here, and this is used in the transcription.).

Liber secundus ecclesiasticarum cantionum quatuor vocum.... Anvers/ Antwerpen: T. Susato, 1553, fol. VI.

Superius: 44(4) b; 83(1-2) half-note e; 89(2) d; 142(4)-143(2) half-note d, quarter c; 148(4)-149(1) dotted quarter b, eighth a; 162(1) c.

Contratenor: 31(1-2) dotted quarter f, eighth e; 52(1-2) two quarters; 148(3) e.

Tenor: 17(3-4) half-note c; 30(2-3) half-note; 65(3-4) two quarters; 91 ligature.

Bassus: 5(4) no flat before b; 14(1) flat before b; 21(4) d; 22 ligature; 69(3) flat before b; 83(3)-84(2) ligature; 87 ligature; 103(4) no flat before b; 126(3-4) half-note; 131 no ligature; 139(2-3) half-note.

Leiden, Lakenhalmuseum, MS 864, fols. CXXXV^v-CXXXIX^r.

Superius: 44(4) b; 83(1-2) half-note e; 89(2) d; 142(4)-143(2) half-note d, quarter c; 162(1) c.

Contratenor: 31(1-2) dotted quarter f, eighth e; 75(1-2) two quarters; 148(3) e.

Tenor: 17(3-4) half-note c; 21(1-2) two quarters; 30(2-3) half-note; 41(3-4) half-note; 91 ligature; 164 ligature.

Bassus: 5(4) no flat before b; 15(1) flat before b; 21(4) d; 126(3-4) half-note; 131 no ligature; 139(2-3) half-note.

Stuttgart, Landesbibliothek, Cod. mus. I, 36, fols. 198^V-214^r.

Superius: 44(4) c; 89(2) e; 154(2-3) two quarters; 162(1) b.

Contratenor: 31(1-2) dotted quarter e, eighth e; 105(4)-106(1) two quarters; 148(3) d.

Tenor: no differences.

Bassus: 10(3)-11(1) half-note, quarter; 2194) e; 33(3)-34(1) half-note, quarter; 45(2-3) two quarters; 139(2-3) half-note.

Virgo gloriosa; 2 p., Cantantibus organis

Cantiones selectissimæ. Quatuor vocum.... Augsburg: P. Ulhard, 1548, No. VIII.

Altus: the name *Cornelius Canis* appears on this part. The part is obviously by Crecquillon, however, as his name appears on this part in all the other part books.

Gabriel angelus; 2 p., Hic precursor

Liber primus ecclesiasticarum cantionum quatuor vocum.... Antwerpen/ Anvers: T. Susato, 1553, fol. VI.

Tenor: 67(1) d (MS 864 has c here and this is used in the transcription.); 123(4) c (MS 864 has d here and this is used in the transcription.).

Tertia pars magni operis musici... Quatuor vocum.... Nűrnberg: J. Montanus & U. Neuber, 1559, No. LIII.

Superius: no differences.

Contratenor: no differences.

Tenor: 67(1) d (probably error in printing); 123(4) c (probably error in printing); 44(1-2) eighth-notes f, g, a not marked as triplet.

Bassus: 8(1-4) half-note (error in printing).

Regensburg, Proske'sche Musikbibliothek, MS 861.

Leiden, Lakenhalmuseum, MS 864, fols. CXLIV^V-CXLVIII^r.

Discantus: 57(3)-58(2) no ligature; 98(3)-99(4) dotted whole-note.

Contratenor: 6(2-3) quarter f, eighths f, e; 69(4)-70(1) half-note.

Tenor: 67(1) c; 123(4) d.

Bassus: 61(1) flat before e; 71(2) no flat before e; 109(3-4) half-note; 131(2) d (probably error in copying); 136(1-2) half-note.

Os loquentium

Liber secundus ecclesiasticarum cantionum quatuor vocum.... Anvers/
Antwerpen: T. Susato, 1553, fol. VIII^r.

Leiden, Lakenhalmuseum, MS 864, fols. LVII^v-LX^r.

Discantus: 17(1) eighths b-flat, g; 27(4)-28(1) dotted quarter
g, eighth f; 58(1)-59(4) half-note, dotted whole-note; 82(4)-
83(1) half-note a.

Contratenor: 7(4)-8(1) quarter f, eighths f, e; 8(4) flat before e;
21(2) flat before e; 21(2-3) quarter e, eighths e, d; 21(4)—
22(1) two quarters; 48(1-2) half-note; 65(3)-66(2) whole-note;
83(1) flat before e.

Tenor: 8(4)-9(1) quarter c, eighths c, b-flat; 20(4)-21(1)
quarter b-flat, eighths b-flat, a; 57(2-3) half-note a; 65 no
ligature.

Bassus: 16(1) flat before e; 79(1) no flat before e; 84(1) flat
before e; 84(1-2) dotted quarter e-flat, eighth c.

Verbum iniquum et dolosum

Liber tertius ecclesiasticarum cantionum quatuor vocum..... Antwerpen/
Anvers: T. Susato, 1553, fol. VII^v.

Tertia pars magni operis musici... Quatuor vocum.... Nűrnberg: J.
Montanus & U. Neuber, 1559, No. LVI.

Superius: no differences.

Contratenor: no differences.

Tenor: no differences.

Bassus: 22(3-4) two quarters on c.

Quis dabit mihi pennas

Motetti del Laberinto, a quatro voci libro secondo.... Venezia: G. Scotto,
1554, pp. VI-VII.

Sancta Maria

Motetti del Laberinto, a quatro voci libro terzo.... Venezia: G. Scotto,
1554, p. XXXI.

Quicquid agas, prudenter agas

Liber secundus. Suavissimarum et iucundissimarum harmoniarum:
quinque et quatuor vocum.... Nűrnberg: U. Neuber, 1568, No. 5.

Contratenor: 3(2) The sign marking the beginning of the comes
is over the second note in the original, but it obviously be-
longs over the third note.

17. Sum tuus in vita

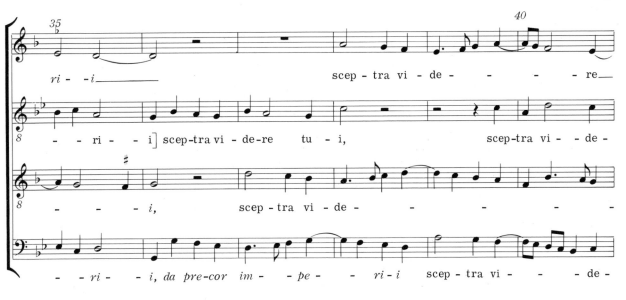

4

75

i, par-va tu - - i, por - - ti-o par - va tu - i, parva tu - - - i?

- *va tu - - - i,* [por - ti-o par-va tu - i, par - va tu - - - i?]

- va tu - i,_____ por - -ti-o par-va tu - - - i, *par - - va tu - - - i?*

- va tu - - i? por - ti-o par - - - - - va tu - - i?

Secunda pars

80

Cur ri - gi-do la - - tu -it tu -

Cur ri - -gi- do la - -tu - it tu - - - - - - - -

Cur ri - gi -

Cur ri - gi-do la - tu - it___ [tu - - a,_____]

85 90

- - - a vi-ta in - - clu -

- a vi - ta in - clu - sa se - pul - - chro,_____ *in - clu -*

do la - -tu - it tu - a_____ vi - - ta in-clu - - sa

cur - ri - gi -do la - -tu - it tu - a vi - - ta in-clu - -

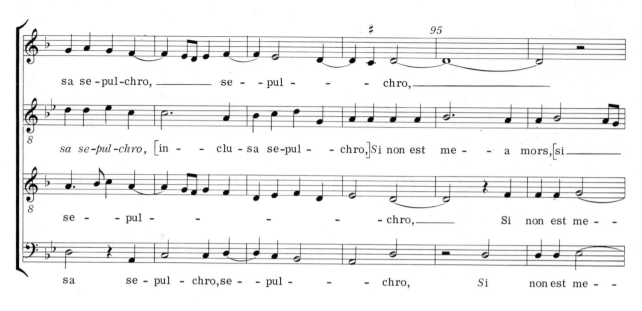

tu - o lo - - tus san - - - - gui - ne Chri - ste___ vi - - vam, Chri - ste___

Er - - go tu - o lo - - tus san - - - gui - ne, ___ san -

- - tus san - gui - ne Chri - ste

- - tus___ san - - gui - ne Chri - ste vi - vam, san - -

___ vi - vam, vi - - - vam.___

- gui - ne Chri - ste vi - vam, *san - gui - ne Christe vi - - - vam.*___

vi - - - - vam.___

- gui-ne Chri-ste vi - vam, san - gui - ne Chri - - ste vi - - vam.___

18. Practicantes mali

Superius

Pra - - cti - can - tes

Contratenor

Pra - - cti - can - tes ma - -

Tenor

Pra - - cti - can - tes ma - - li, ma - - -

Bassus

Pra - cti - can - tes ma - - li, pra - cti - - can - tes,

10

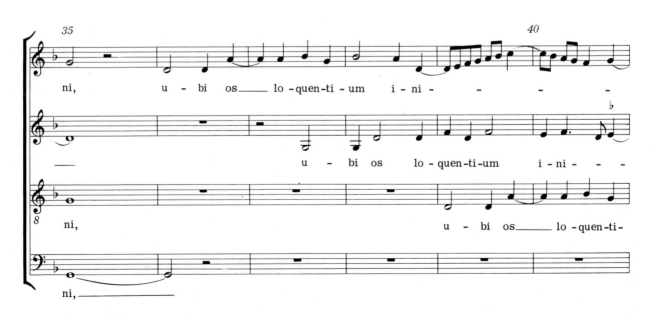

12

pe - - - ri-bunt, pe - - ri-bunt, et im-pi-i mi - -sere pe-ri-bunt, et

-sere pe - - - - ri - bunt, pe - - ri - bunt, et

et im - pi-i mi - sere pe - ri - bunt, mi - se-

et im-pi-i mi - sere pe-ri-bunt, et

im - pi-i mi - sere pe - ri - - - bunt,____ pe - ri - bunt.

im-pi-i mi - se - re____ pe - - ri - bunt, pe - - ri - bunt.____

re pe - - - ri - - bunt, et im-pi-i mi - se-re pe-ri-bunt.

im-pi-i mi - -sere pe-ri-bunt, pe - - - - ri - bunt.____

Ju - sti au - tem,____ Ju - sti au-tem____

Ju - - sti au - - tem, Ju-sti____ au-tem

Ju - - sti au - tem,____ Ju - sti au-tem, Ju-sti au-tem____ Sic - ut

Ju - - sti au-tem,____ Ju-sti au - tem Sic - - ut mons Si-

13

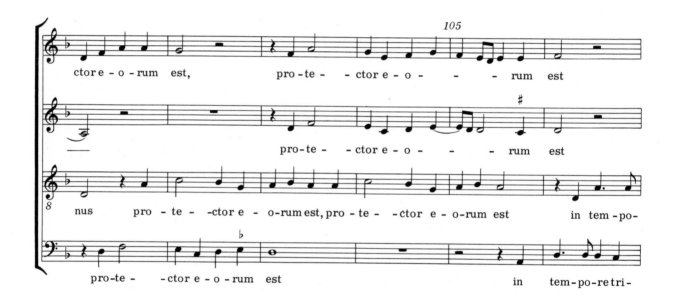

19. Quid gloriaris

16

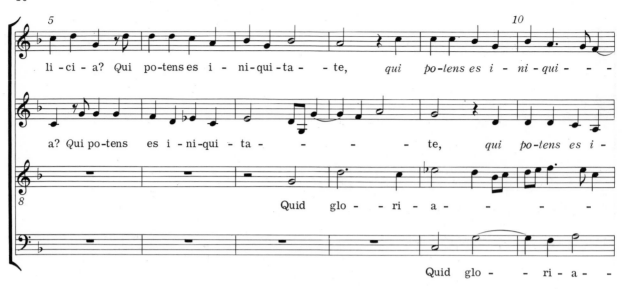

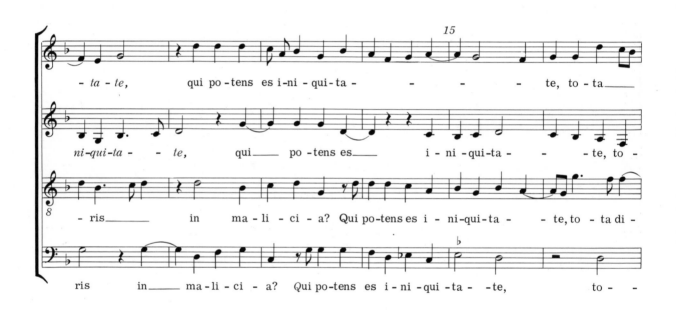

18

20

ba [præ- -ci -pi -ta- - -ti - -o - - -nis,]

ba præ-ci -pi - ta - -ti - - o - - -nis lin - gua do-

a ver -ba præ- -ci -pi - -ta -ti -o - - nis lin - gua

ver-ba præ - ci -pi - -ta -ti -o - -nis lin - gua do-lo -

præ-ci - -pi -ta -ti -o - nis lin - gua_____ do - -lo-sa, lin-

lo - - sa, lin- -gua do -lo-sa, [lin - - gua do - lo -

___ do - lo - -sa,_____ lin - -gua_____ do-lo - -

sa, lin - -gua do - lo - sa, lin - gua_____ do - -lo - sa,[lin-gua

gua_____ do -lo - - - sa. Pro-pte - re - a De - us

sa, lin-gua do - -lo - -sa.] Pro -pte - re-a De - us,

___ - - - - - - sa._____ Pro-

do-lo - - - - - - sa._____] Pro-pte -re-

21

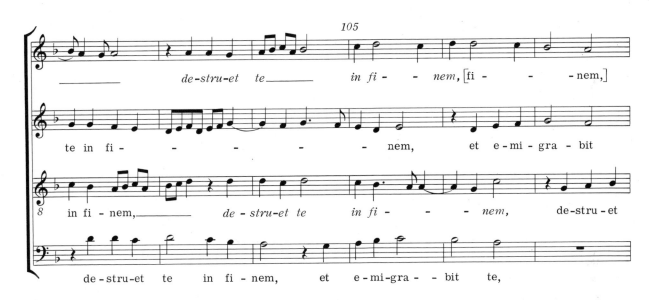

20. Job tonso capite

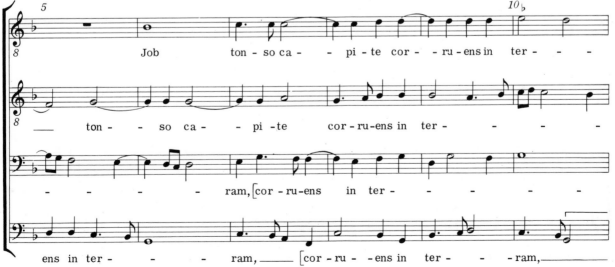

24

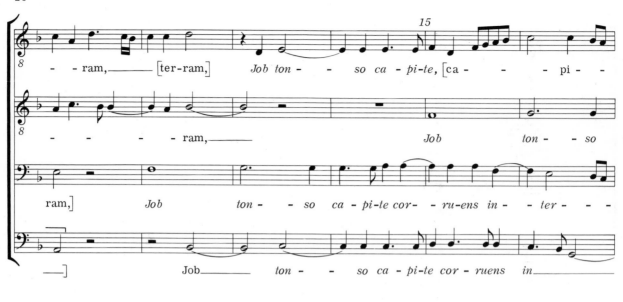

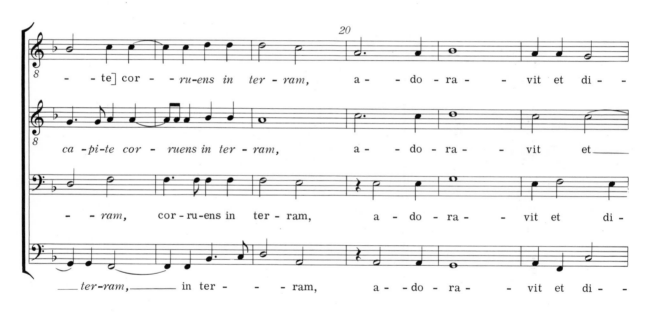

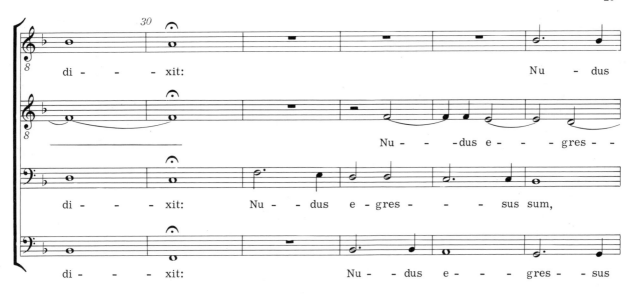

26

28

cuit, [do - - - - mi-no pla - -cuit,] i -ta fa-ctum est.

- cuit, [pla - -cuit,] i - -ta fa - ctum est,[i - - -ta fa- -

cuit, i - -ta fa - -ctum___ est, [i - -ta fa - - - -

i - -ta fa - - - - - - -ctum est.

Sit no-men do - mi-ni be - -ne - di -ctum, Sit no-men do-mi-

- - - - -ctum___ est.] Sit no-men do-mi-

ctum est.] Sit no - -men do - mi-ni be -ne -di - - - ctum, be -

Sit no - men do - mi-ni be - -ne - di -ctum,

ni be - -ne - -di - - - - - - - -ctum in

ni be - -ne - di - - -ctum,___ [be - -ne-di - - -ctum]

ne-di - - -ctum, sit no - -men do - mi-ni be - -ne - -di-ctum in

sit no - - men do - mi-ni be - -ne - -di - - - - -ctum

30

21. Cor mundum crea in me

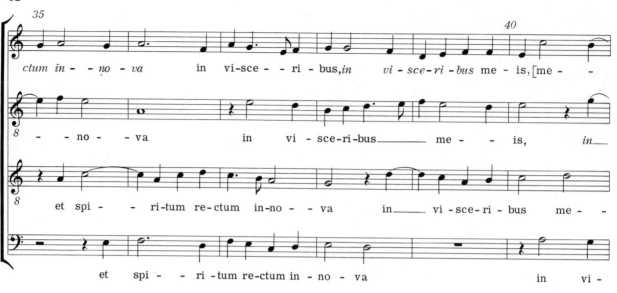

34

Secunda pars

A - ver - te fa-

A - -ver - te_____ fa -ci - em_____ tu - - - -

A - ver - te fa - ci - -em tu-am, fa - ci - em tu - - - am,

A - ver - -te fa - ci -em tu - - - - am,

ci - em tu - - - - am,_____ fa - - ci - em tu -am

- - - am, fa - ci - em tu - - am

fa - ci - em tu - - - - - am a pec-

a - ver - -te fa - ci-em tu - -am, a_____ pec-ca - -

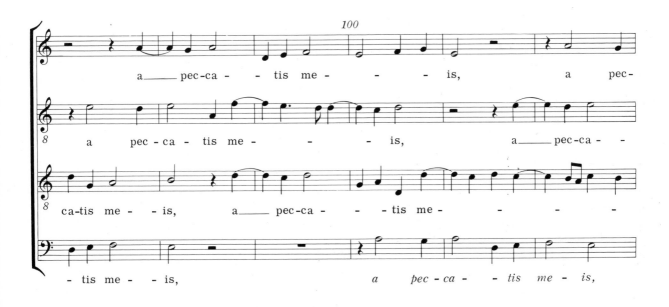

a_____ pec-ca - - tis me - - - is, a pec-

a pec-ca - tis me - - - is, a_____ pec-ca - -

ca-tis me - - is, a_____ pec-ca - -tis me - - - -

- tis me - - is, a pec-ca - - tis me - is,

36

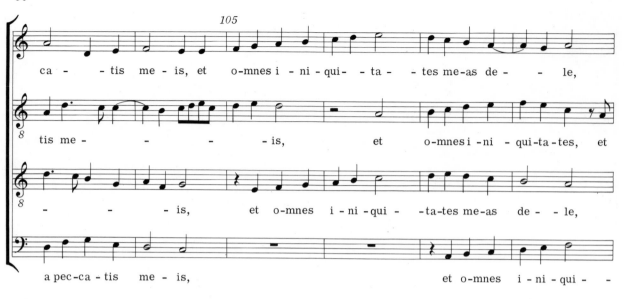

est sem - - - - per,_____ con - tra me_____

con - tra me est sem - - per, *con - tra me est*_____ *sem -*

- per, *con - tra me est sem - per,* con - tra_____ me est sem - - -

con - tra me est sem-per, *con - tra me*

_____ est sem -per. Ti - - bi so - li pec - ca - - vi,

- - per. Ti - bi so - li pec-ca - - vi, ti - bi so - li pec -

- - - per. Ti - bi so - li pec - ca - - vi,

est sem - - per. Ti - bi so - li, ti - - bi so - li

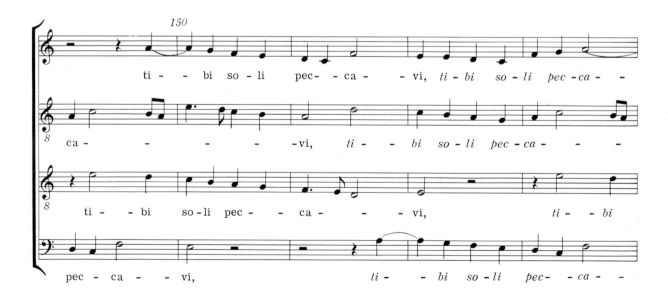

ti - - bi so - li pec - - ca - - vi, *ti - bi so - li pec-ca -*

ca - - - - vi, *ti - - bi so - li pec - ca - -*

ti - - bi so - li pec - ca - - vi, *ti - bi*

pec - ca - - vi, *ti - - bi so - li pec - ca -*

22. Quæ est ista quæ ascendit

40

40

42

da - - - - ve - runt e - - - - - - am.

da-ve-runt e - am, lau - da - - - - ve - - runt e - am.

am, lau - da-ve-runt e - - - - - - am.

lau - da - ve - runt e - am, lau - - - da - ve-runt e - am.

Secunda pars

Quæ est i - sta quæ___ a - scen - -dit per___

Quæ est i - sta quæ___ a - scen -

de - ser - - - tum,

- - - dit, quæ a - scen - dit per de - - ser - - tum,

Quæ___ est i - sta quæ___ a - scen - dit per___ de - -

Quæ est i - sta quæ___ a - scen - -

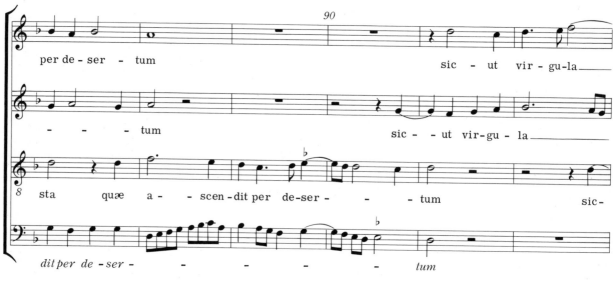

runt e-am fi - li-æ si - - on,_____ fi - - li-æ si -

runt e - - - am, *vi - de - runt e-am fi - -li - æ si - on,*

Vi - de - runt e-am fi - li - - æ si - on, fi - li - æ si - on,_____

runt e - am, *vi - de - runt e - am*

on, *fi - - li - æ si - - on._____*

[fi - - - li-æ si - on.] Et___ be - a - - tam_____ di - - xe -

_____ [fi - li - - - æ si - on.____]

fi - - li-æ si - - - - on. Et___ be - a -

Et be - a - tam_____ di - - xe-runt_____

- - runt_____ e - - - - - - - am,

Et be - a - tam_____ di - -xe-runt [e - - - - am,]

tam_____ di-xe - - - - runt, et_____

48

23. Impetum inimicorum ne timueritis

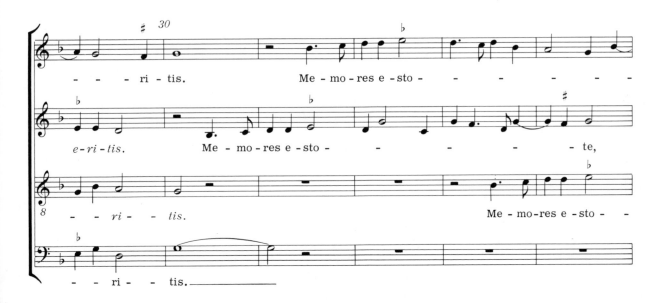

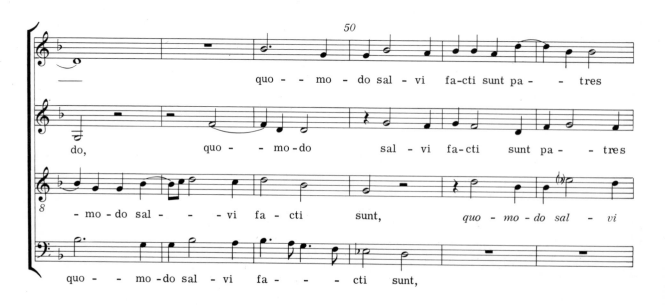

52

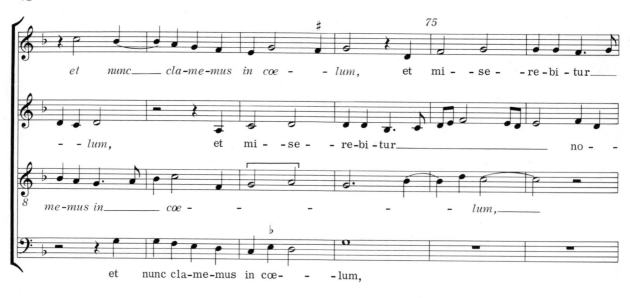

24. Erravi sicut ovis

et se - mi-tas tu - as e - do-ce me,_____ e - do - ce me.

_ _ _ -ce me, et se - mi-tas tu - as e-do-ce me.

e - do - - - - ce____ me.____

tas tu - as e -do - - - ce me,____ e - do - ce - me.

Secunda pars

De - li-cta ju - ven- -tu - - - tis me - - -

De - li-cta___ ju-ven - - tu - - tis

De - li-cta____ ju - ven - - -tu -tis me - - - - -

De - li - cta___

- - æ, De-li - cta____ ju - ven - -tu - tis me - - æ,

me - - - æ,_____ De - li - cta___

_ _ æ, De - li-cta____ ju-ven - -tu - tis____ me - - -

___ ju-ven -tu - tis, ju-ven-tu - - - tis, ju - ven-tu-tis____ me - -

25. Benedicite Dominus

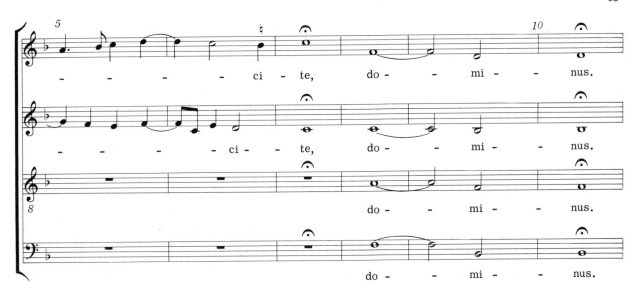

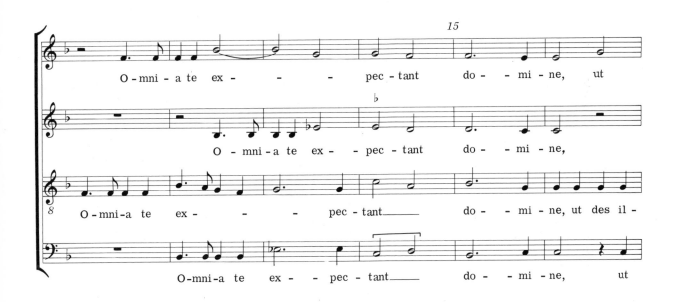

64

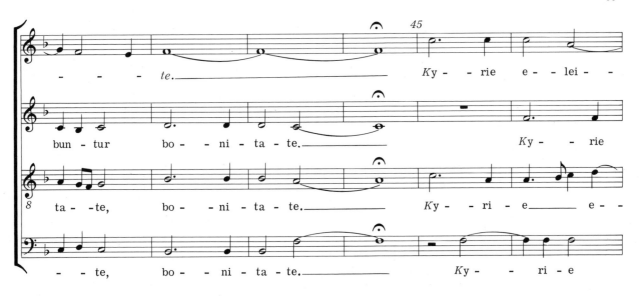

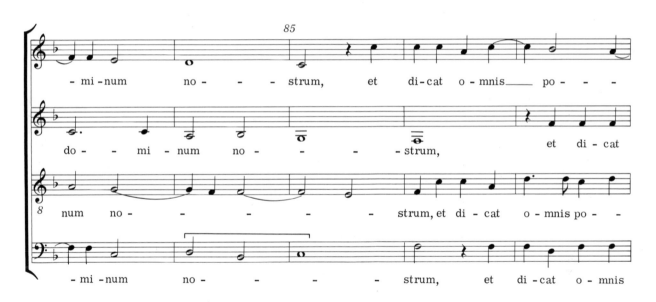

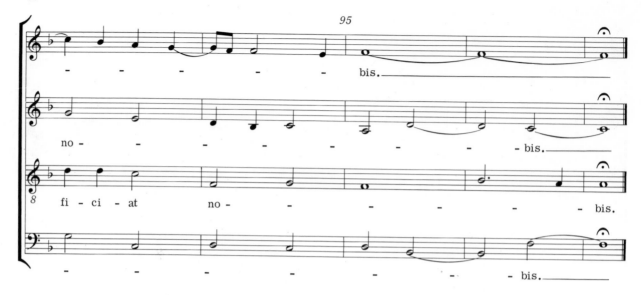

26. Jubilate Deo omnis terra

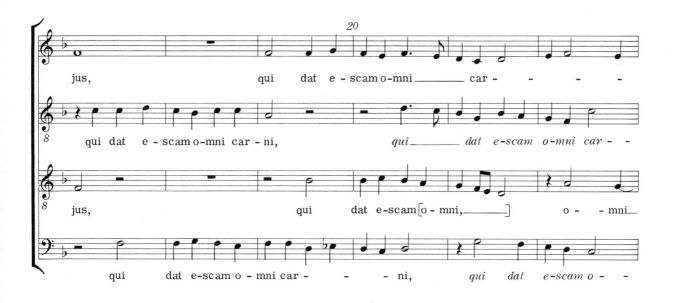

72

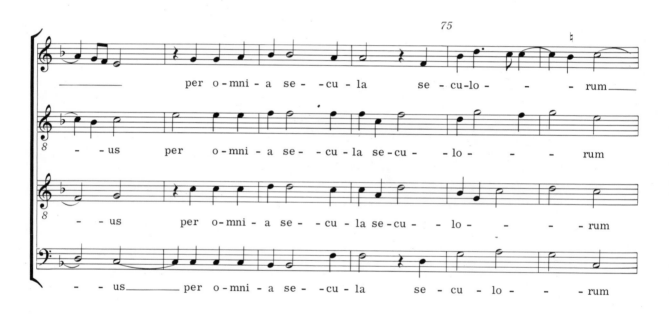

73

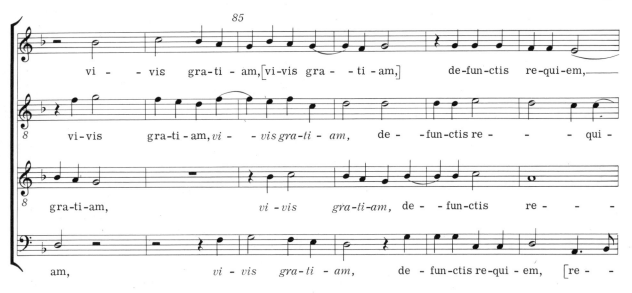

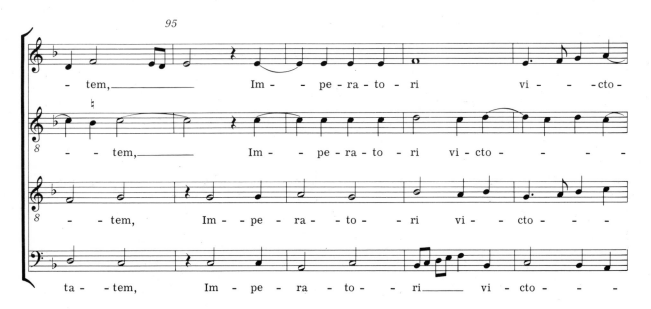

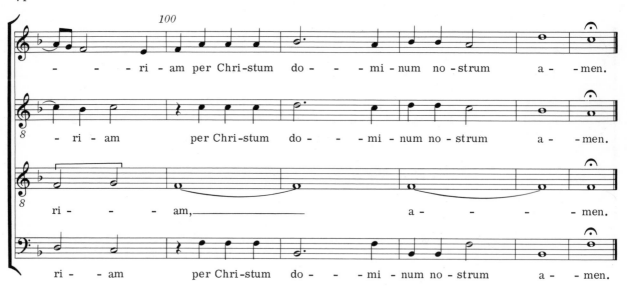

27. Delectare in Domino

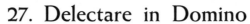

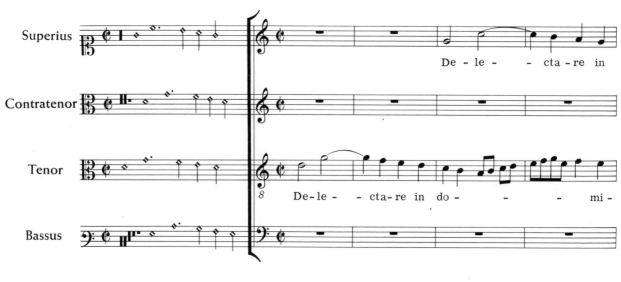

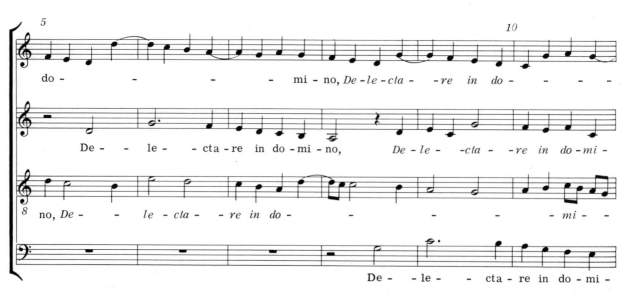

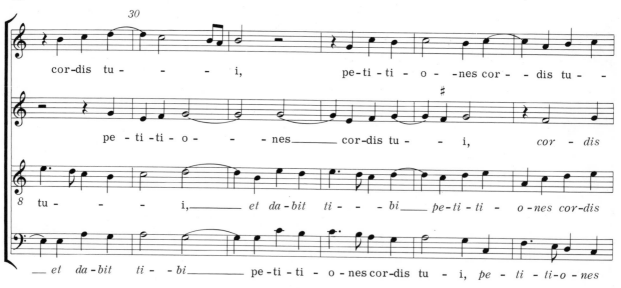

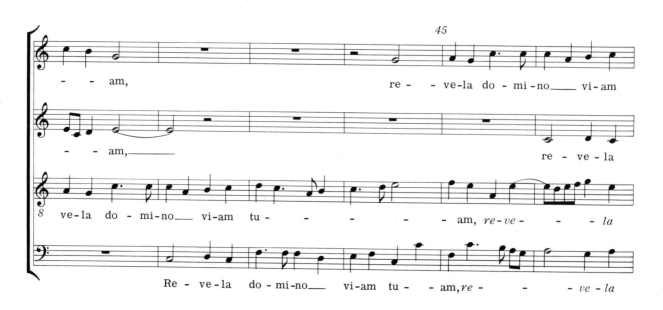

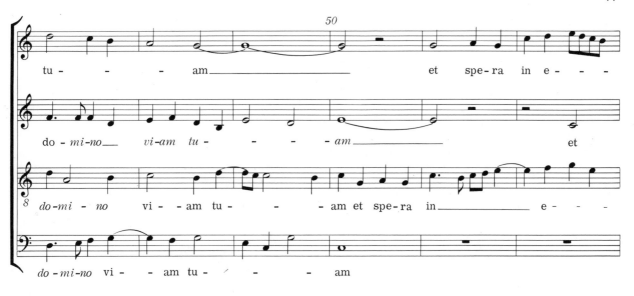

78

Secunda pars

80

28. Surge illuminare Jerusalem

ve- nit lu-men tu- um, lu-men tu- um, qui-

lem, qui- a ve- nit lu- men___ tu- - - -

um, qui- - a ve- nit lu- men___ tu- -

tu- - - - um, qui- a ve-nit lu-men tu- -

a ve- nit lu-men___ tu- um, et glo-ri-a do- - -

- - - um, qui- - a ve- - nit, et glo-ri-

um, qui- a ve- nit lu- - - men tu-um, et

um, [qui- a ve- nit lu- - men tu- um,]

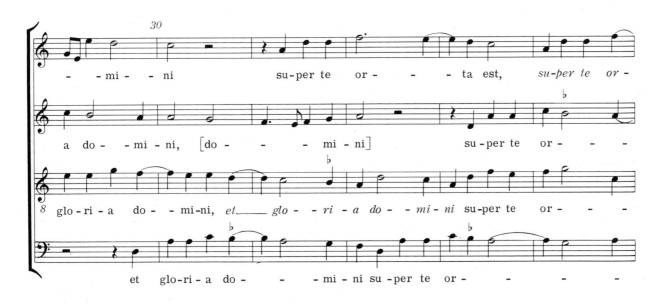

- -mi- ni su-per te or- - ta est, *su-per te or-*

a do- -mi-ni, [do- - -mi-ni] su-per te or-

glo-ri- a do- -mi-ni, *et___ glo- -ri- a do- -mi-ni* su-per te or-

et glo-ri-a do- - -mi-ni su-per te or- - - -

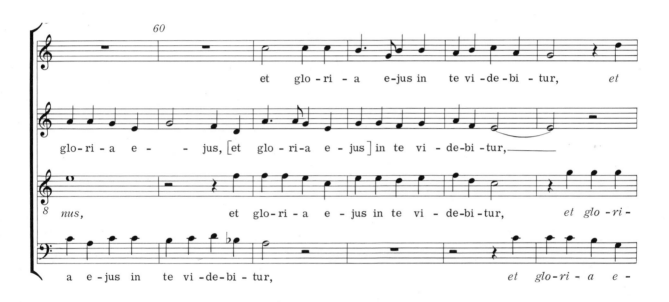

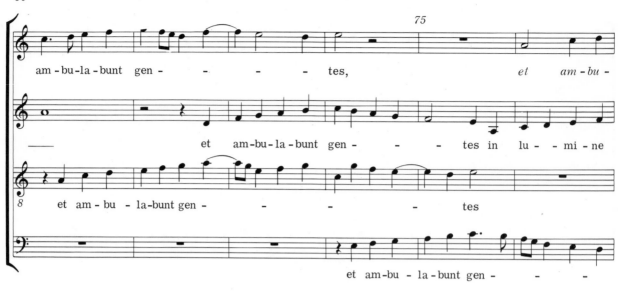

Secunda pars

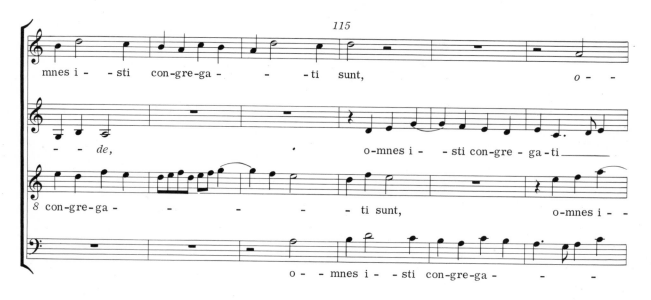

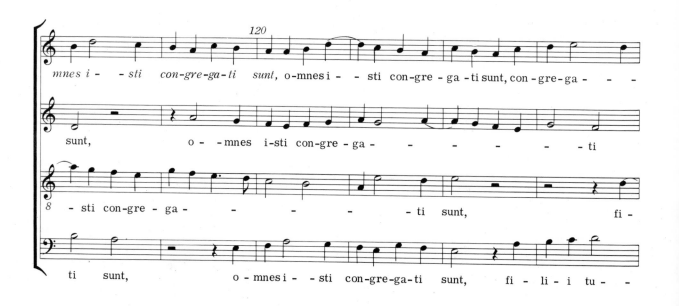

ti_____ sunt, fi - li-i tu - i de lon-ge ve - -

sunt, fi - li -i tu - - i_____ de lon-ge

-li-i tu - i de lon-ge ve-ni - ent, fi -li-i tu - i de lon-

i de lon-ge ve - ni - ent, et fi-li-æ tu-

- - - - ni - ent, et fi - li-æ tu - æ, fi - li - - æ tu-

ve - - ni - ent, et fi - li-æ tu-æ, fi - li-æ_____ tu - -

ge ve - ni - - ent, et

æ, fi - li - æ tu - - - æ de la - te - re sur-gent,

æ, et fi - li-æ tu-æ de la -te-re [tu -o] sur - gent._____

æ, [et fi - li-æ tu - æ] de la - te - re [tu - - - o] sur - -

fi - li-æ tu - æ de la - - te - re tu - o sur - gent._____ O -

[et fi - li - æ tu - - æ de la - te-re tu - o sur - gent.] O-mnes de

90

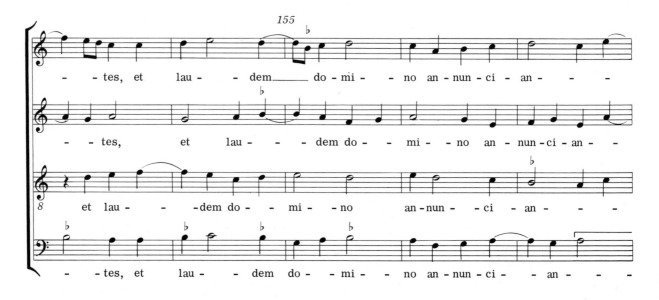

29. Virgo gloriosa

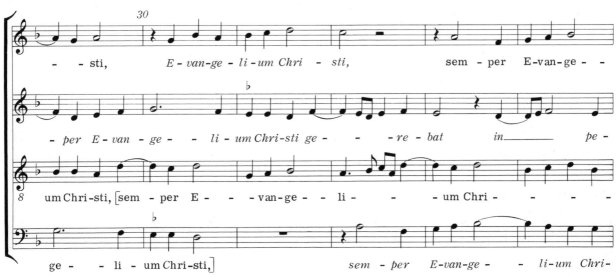

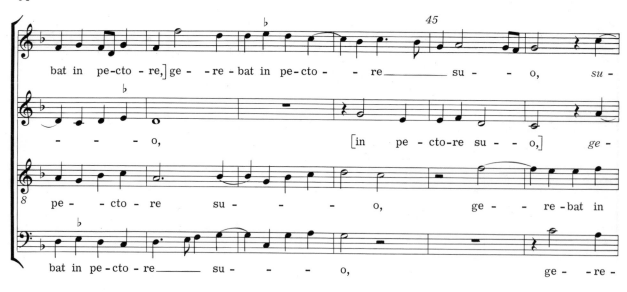

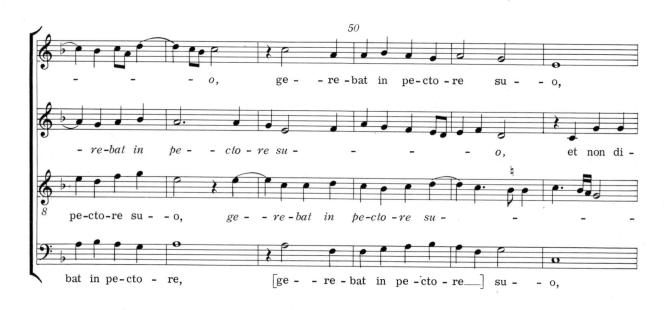

- ca - bat. - bat, et o - ra - ti - o - ne va - ca - - - bat.]

- bat, et o - ra - ti - o - ne va - ca - - bat.

ne va - ca - - - - - - bat.

Secunda pars

Can - tan - ti - bus or - ga - - - nis, Can - tan - - ti - bus

Can - tan - ti - bus or - - ga - - - nis,

Can - tan - ti - bus or - - ga - -

Can - tan - ti -

- or - ga - - - - - - nis, Can - tan - ti - bus or - -

Can - tan - - ti - bus or - ga - - - - - nis,

- nis, Can - tan - ti - bus or - - ga -

bus or - - ga - - - - - nis, Can -

98

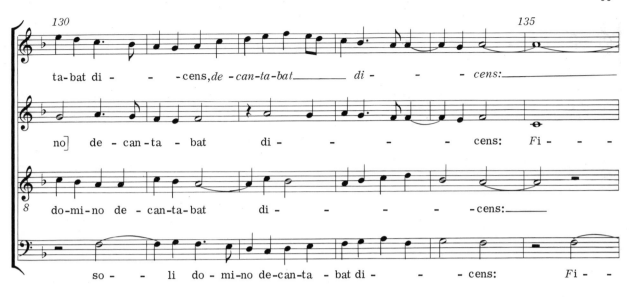

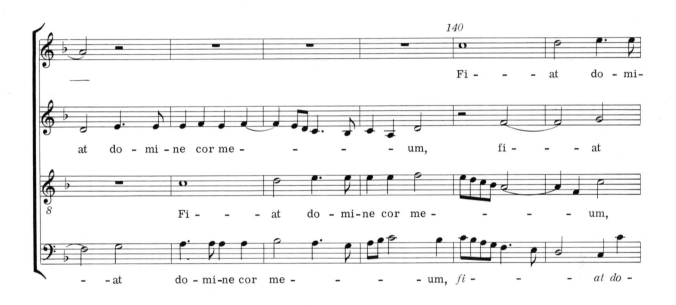

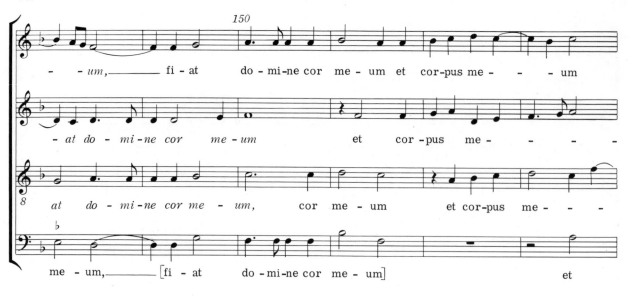

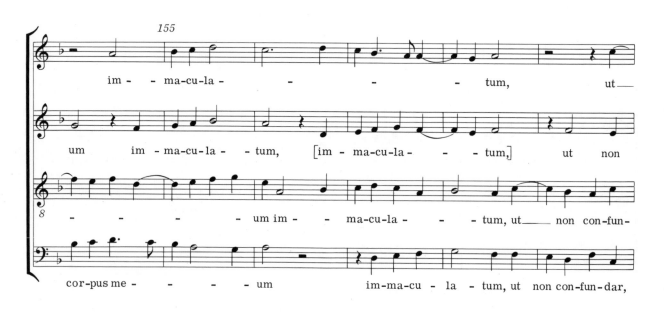

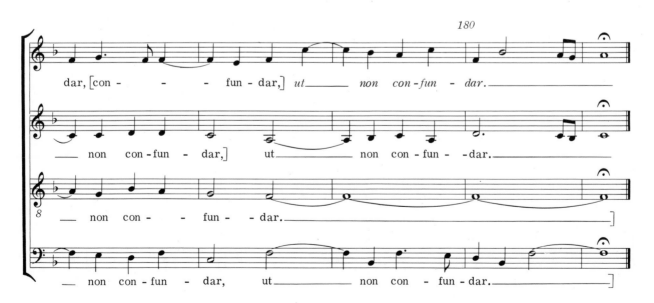

30. Gabriel angelus

104

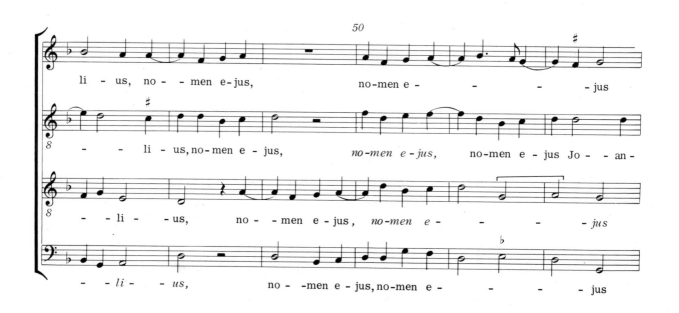

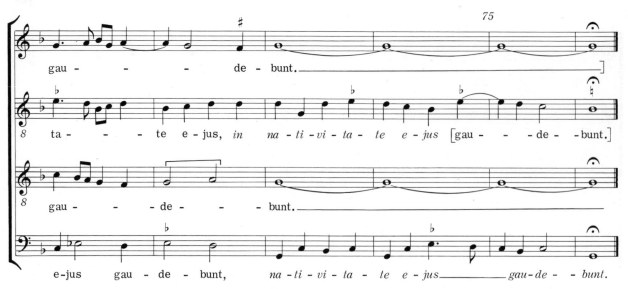

gau - - - - de - bunt.

ta - - te e - jus, in na - ti - vi - ta - te e - jus [gau - - de - -bunt.]

gau - - de - - bunt.

e - jus gau - de - bunt, na - ti - vi - ta - te e - jus_____ gau - de - - bunt.

Secunda pars

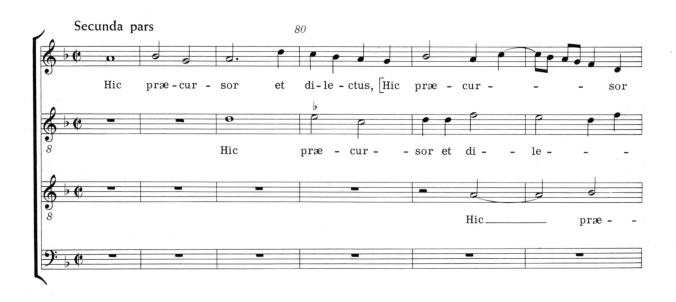

Hic præ - cur - sor et di - le - ctus, [Hic præ - cur - - - sor

Hic præ - cur - - sor et di - - le - - -

Hic_____ præ - -

et_____ di - - le - - - ctus, Hic præ - cur - -sor et di - le -ctus,_____]

- - - ctus, Hic præ - -cur - - sor et di - - le - - -

cur - sor et di - le - - ctus,_____ [di - le - - - - -

Hic præ - - cur - -sor et di - le - - - -

31. Os loquentium

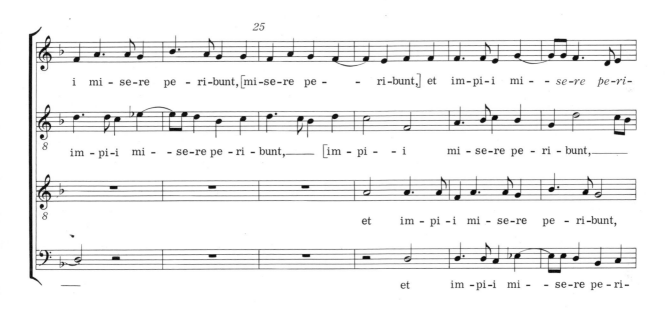

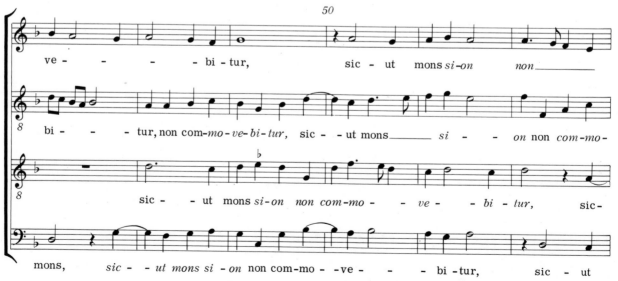

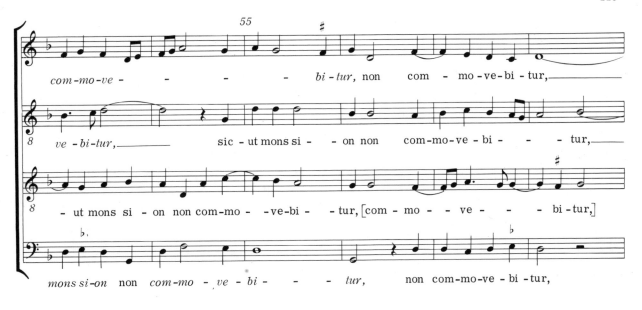

32. Verbum iniquum et dolosum

117

118

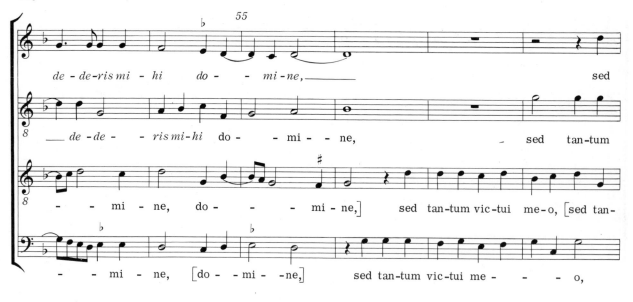

33. Quis dabit mihi pennas

123

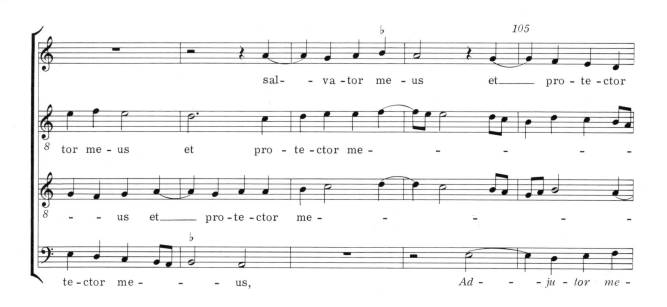

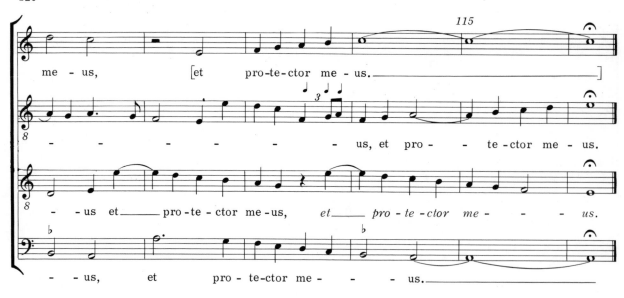

34. Sancta Maria

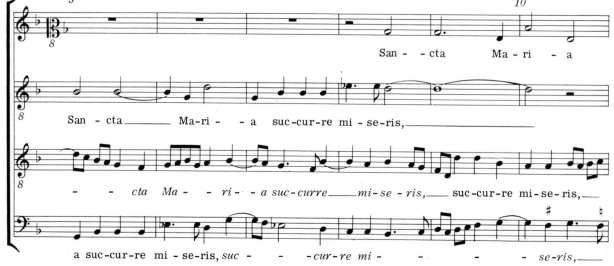

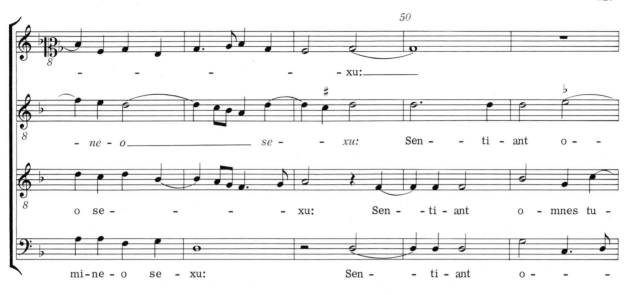

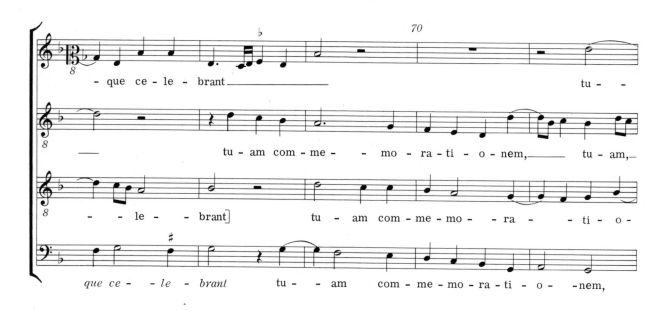

130

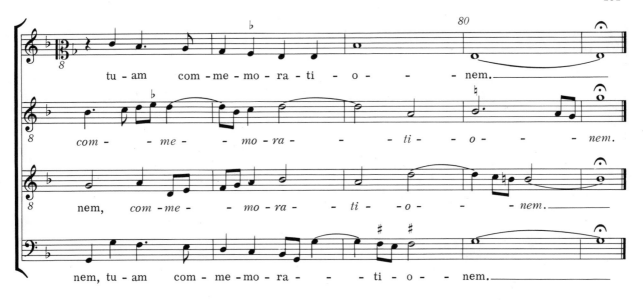

35. Quicquid agas, prudenter agas

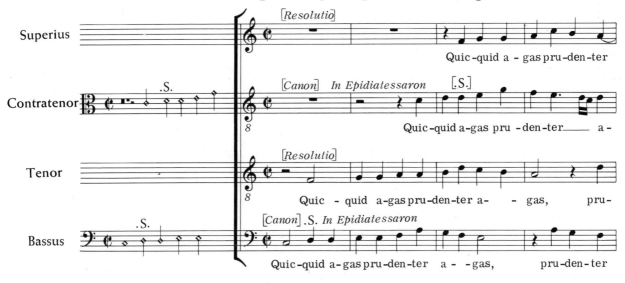

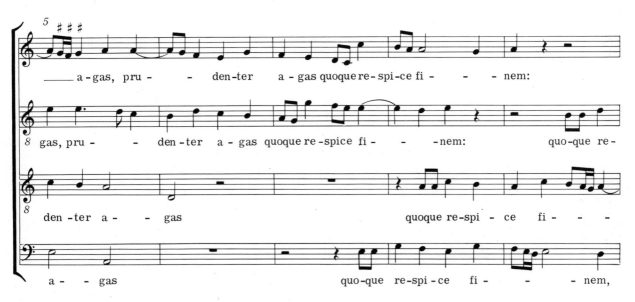

quoque re-spi-ce fi - nem, re-spi-ce fi - - - - nem:

spi-ce fi - - nem, re-spi-ce fi - - - nem:

- nem, quo- -que re-spi-ce fi - - - - -nem:

quo- -que re-spi-ce fi - - - - - nem: Hoc

Hoc fa-ci - ens, hoc fa-ci - ens___ a - - - -

Hoc fa-ci - ens, hoc fa-ci - ens___ a - - - - -

Hoc fa-ci - ens, hoc fa-ci - ens a -ctis, hoc

fa-ci -ens, hoc fa-ci - ens a - ctis, hoc fa-ci -

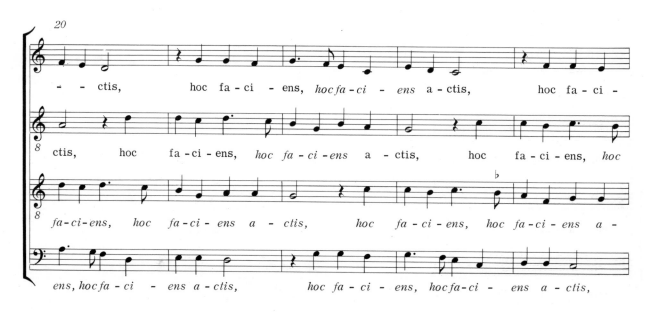

- - ctis, hoc fa-ci - ens, hoc fa-ci - ens a-ctis, hoc fa-ci -

ctis, hoc fa-ci - ens, hoc fa-ci - ens a - ctis, hoc fa-ci - ens, hoc

fa-ci-ens, hoc fa-ci - ens a - ctis, hoc fa-ci - ens, hoc fa-ci - ens a -

ens, hoc fa-ci - ens a-ctis, hoc fa-ci - ens, hoc fa-ci - ens a - ctis,

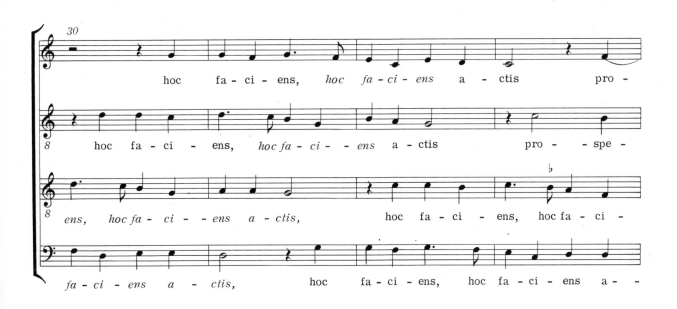

UNSERE VERÖFFENTLICHUNGEN
OUR PUBLICATIONS

VERÖFFENTLICHUNGEN MITTELALTERLICHER MUSIKHANDSCHRIFTEN

PUBLICATIONS OF MEDIÆVAL MUSICAL MANUSCRIPTS

Vol.	I	Madrid *20486*	DM 32	$ 8.75
Vol.	II	Wolfenbüttel *1099 Helmst. (1206)*	DM 200	$ 55.00
Vol.	III	Eine zentrale Quelle der Notre Dame-Musik. A Central Source of Notre-Dame Polyphony	DM 60	$ 16.50
Vol.	IV	Paris, *nouv. acq. frç. 13531 & lat. 11411*	DM 30	$ 8.25
Vol.	V	Worcester, *Add. 68*, Westminster *33327* & Madrid *192*	DM 36	$ 9.75
Vol.	VI	Oxford, *lat. litur. d 20* & Chicago *654 App.*	DM 48	$ 13.00
Vol.	VII	Opera omnia Faugues	DM 60	$ 16.50
Vol.	VIII	Sevilla, *5-1-43* & Paris, *nouv. acq. frç. 4379*	DM 72	$ 19.50
Vol.	IX	Carmina Burana	DM 250	$ 68.00
Vol.	X	Firenze, *Pluteo 29,1* (Pars I)	DM 160	$ 44.00
Vol.	XI	Firenze, *Pluteo 29,1* (Pars II)	DM 160	$ 44.00
Vol.	XII	Dijon, Bibliothèque publique, Ms. *517*	DM 190	$ 52.00

MUSICAL THEORISTS IN TRANSLATION

Vol.	I	Anonymus IV	DM 30	$ 8.25
Vol.	II	Robert de Handlo	DM 28	$ 7.65
Vol.	III	Nivers, *Treatise on the Composition of Music*	vergriffen O.P.	
Vol.	IV	Huygens, *Use and Nonuse of the Organ in the Churches of the United Netherlands*	vergriffen O.P.	
Vol.	V	Bernier, *Principles of Composition*	DM 24	$ 6.50
Vol.	VI	Loulié, *Elements or Principles of Music*	DM 50	$ 13.75
Vol.	VII	Bacilly, *A Commentary upon the Art of Proper Singing*	DM 100	$ 27.50
Vol.	VIII	*Ad organum faciendum & Item de organo.*	DM 40	$ 11.00
Vol.	IX	*Michel Corrette and Flute Playing in the Eighteenth century*	DM 40	$ 11.00

GESAMTAUSGABEN - COLLECTED WORKS

Vol.	I	Faugues (*Gesamtausgabe, Collected Works*)	DM 60	$ 16.50
Vol.	II/1	A. Rener, *Collected Works.* I: The Motets	DM 48	$ 13.00
Vol.	III/1	Goudimel, *Collected Works.* I: Psalm Motets Vol. I	DM 60	$ 16.50
Vol.	III/2	Goudimel, *Collected Works.* 2: Psalm Motets Vol. 2	DM 60	$ 16.50
Vol.	III/3	Goudimel, *Collected Works.* 3: Psalm Motets Vol. 3	DM 60	$ 16.50
Vol.	III/4	Goudimel, *Collected Works.* 4: Psalm Motets Vol. 4	DM 60	$ 16.50
Vol.	III/9	Goudimel, *Collected Works.* 9: 150 Psalms of 1564/1565 („Jaqui")	DM 60	$ 16.50
Vol.	III/10	Goudimel, *Collected Works.* 10: 150 Psalms of 1568/1580 („St. André").	DM 120	$ 33.00
Vol.	III/11	Goudimel, *Collected Works.* 11: Latin Motets and Magnificats	DM 60	$ 16.50
Vol.	IV/1	Cabezón, *Collected Works.* 1: Duos, Kyries, Variations etc.	DM 64	$ 17.50
Vol.	IV/2	Cabezón, *Collected Works.* 2: 27 Tientos	DM 64	$ 17.50
Vol.	V	N. de Radom (*Gesamtausgabe, Collected Works*)	DM 80	$ 22.00
Vol.	VI/1	Caron, *Collected Works*, 1: 3 Masses	DM 100	$ 27.50

WISSENSCHAFTLICHE ABHANDLUNGEN · MUSICOLOGICAL STUDIES

MIKROFILME · MICROFILMS

Die Preise verstehen sich in DM; andere sind Richtpreise. Official prices are in German Marks.

THE INSTITUTE OF MEDIÆVAL MUSIC, LTD.

1653 West 8th Street, Brooklyn, New York 11223, U.S.A.